बेदाग़

संगम 'प्यारे'

मेरे प्यार को समर्पित!

अनुक्रमणिका

मुझसे इश्क़ करोगी क्या

एक तरफ

भ्रम

एक अरसे से

एक तरफा इश्क़

अगर तुम लौट आते

तुम

तारों की नगरी

तेरे इश्क की खातिर

अलविदा

प्रस्तावना

इस पुस्तक में सरल और सहज शब्दों का उपयोग करते हुए लेखकों द्वारा बेहद खूबसूरत तरीके से विभिन्न पहलुओं पर अपनी भावनाओं को कविताओं के माध्यम से व्यक्त किया गया है। इस पुस्तक के लेखक ने बेजोड़ एवं सरल शब्द संयोजन के माध्यम से अपनी कविताओं को संजोने और उनमें अपने अहसास और जज्बात पिरोने की कोशिश की है।

मेरा ऐसा विश्वास है कि आप इन रचनाओं में कहीं ना कहीं खुद को, इस प्रकृति को और अपने चाहने वालों को अवश्य ही ढूंढ पाएंगे और इस पुस्तक में उपस्थित रचनाओं को पढ़ते हुए आप बेहद आनंदित और रोमांचित महसूस करेंगे।

अब मैं अपने शब्दों को विराम देकर इस पुस्तक को आपको समर्पित करते हुए इसे ज्यादा से ज्यादा पाठकों तक पहुंचाने की जिम्मेदारी भी आपको देता हूं।

मुझे पूरा भरोसा है कि आप इस जिम्मेदारी को बखूबी निभाएंगे और इस पुस्तक को जन-जन तक पहुंचाएंगे।

साभार

भूमिका

नमस्कार साथियों...! मैं उन सभी साथियों का दिल से आभारी हूं जिनके प्रत्यक्ष और अप्रत्यक्ष सहयोग की वजह से मेरी यह पुस्तक आप सभी पाठकों तक पहुंची। सबसे पहले मैं शुक्रगुजार हूं अपने माता-पिता का और साथ ही मैं शुक्रगुजार हूं अपने परिवार के सभी सदस्यों, गुरुजनों और मेरे सभी मित्रों का जिन्होंने इस यात्रा में हमेशा मेरा साथ दिया और हमेशा मुझे आगे बढ़ते रहने की प्रेरणा दी।

मैं आप सभी पाठकों को भी दिल से शुक्रिया अदा करता हूं कि आपने इस पुस्तक को पढ़ने के काबिल समझा और अब यह पुस्तक आपके हाथ में है, साथ ही मैं आपसे एक विशेष अनुरोध करता हूं कि इस पुस्तक को लेकर अपनी प्रतिक्रिया और सुझावों के बारे में मुझे नीचे दी गई मेरी ईमेल आईडी पर अवश्य अवगत कराएं मुझे इस पुस्तक के बारे में आपके विचार और सुझाव जानकर_बेहद_खुशी_होगी।
धन्यवाद!

लेखक के बारे में

सीताराम मीना जी पुत्र स्वर्गीय श्री प्यारे लाल मीना का जन्म 15 जुलाई 1995 को ग्राम फुलवाड़ा जिला सवाई माधोपुर (राजस्थान) में हुआ आपने अपनी प्रारंभिक शिक्षा अपने गांव के राजकीय विद्यालय से पूर्ण की।

उसके बाद वर्ष 2017 में आपने आईआईटी बीएचयू के सिविल इंजीनियरिंग विभाग से अपनी बीटेक पूर्ण की तथा साथ ही आपकी हमेशा से लेखन के प्रति गहरी रुचि रही है और आपने अपनी कविताओं एवं रचनाओं के माध्यम से समाज में व्याप्त विभिन्न पहलुओं को बखूबी उजागर करते हुए उनकी तरफ लोगों का ध्यान आकर्षित किया है। लेखन की दुनिया में आपका नाम संगम 'प्यारे' है। लिखने के साथ-साथ किताबें पढ़ने और पेंटिंग बनाने का भी आपको बेहद शौक है, आप प्रकृति प्रेमी है तथा आप सामाजिक जन जागरूकता का कार्य भी करते है।

मुसाफिर

जो ना रुके कभी ना झुके कभी
ना डरे कभी ना थके कभी,
मैं ऐसा एक मुसाफिर हूं,
मैं ऐसा एक मुसाफिर हूं

जिसके मंजिल रहती आंखों में
संघर्ष है रहता सांसो में,
जो हर पल है चले हर पल है लड़े
जिसकी हिम्मत है इतनी बड़ी
कि हर मुसीबत से है लड़ी,

मैं ऐसा एक मुसाफिर हूं,
मैं ऐसा एक मुसाफिर हूँ

चट्टानों का अहम तोड़ दूं
तूफानों का रुख मोड़ दूं
मंजिल पर रहती जिसकी निगाहें
जो खुद बनाता है अपनी राहें,
जिसकी मंजिल है जीने का जरिया
पार भी करलूं आग का दरिया,

मैं ऐसा एक मुसाफिर हूं
मैं ऐसा एक मुसाफिर हूँ

दीपक की तरह मैं जलता हूँ
और बिना रुके मैं चलता हूं,
संघर्ष भरी है ये डगर
मैं रुकूँ नहीं हर पल चलूं मगर,

मैं ऐसा एक मुसाफिर हूं
मैं ऐसा एक मुसाफिर हूं

किरदार

हर किरदार की अपनी इक कहानी होती है,
और कहानी के हर हिस्से में इक किरदार।

जो बड़ी ही खामोशी से कहानी में रंग भरता है, और
कभी-२ कहानी को बीच में ही छोड़ देता है
तो कभी-२ पूरी कहानी का ही रुख मोड़ देता है।

इसलिए कहानी में हर किरदार की अपनी
अहमियत होती है,
और हर किरदार की अपनी एक शख्सियत।

हमारा जीवन भी कुछ ऐसा ही है,
किरदारों से भरा हुआ, रंगमंच सा सजा हुआ
लेकिन यहां हर एक किरदार दर्शक भी है
और तुम्हारी कहानी का हिस्सा भी,
जीवन अपने आप में एक कहानी है
और किरदारों का किस्सा भी।

लेकिन ध्यान रहे अपने किरदार के दारोमदार
सिर्फ आप ही हो,
इसलिए इतनी शिद्दत से अपने किरदार को
निभाओ कि

इतिहास के पन्नों में तुम्हारे किरदार के किस्से
सुनाए जाएं
ताकि तुम्हारा किरदार,
हमेशा-हमेशा के लिए इतिहास के पन्नों में जीवंत
रह सके।

आस

तुमने आस बंधा दी फिर से,
मैं तो तन्हा लौटा था महफिल से,
कैसे भूलोगी उस पल को?
कैसे जाने दोगी उस कल को?
कैसे भुला पाओगी मुझ को?
कैसे समझाओगी खुद को?
रह-रह के अपने दिल से
कैसे मिटा पाओगी मुझ को?

एक बात बताता हूं मैं तुझ को
कैसे समझाऊंगा मैं खुद को?
तेरी जुल्फों का वो साया
तेरे अधरों की खामोशी,
वो तेरी आंखों की सरगोशी
तेरा होने की मदहोशी,
कैसे मिटा पाऊंगा इस दिल से?
जो इश्क हुआ था मुझ को
तेरी आंखों के तिल से।

तुमने प्यास जगा दी फिर से,
तुमने आस बंधा दी फिर से,
नहीं तो,
मैं तो तन्हा लौटा था महफिल से- २

हमसे पूछो कि

हमसे पूछो कि
अपने सपनों का मर जाना क्या होता है?
कि इश्क का पास से गुजर जाना क्या होता है?

हमसे पूछो कि
रूह का जिस्म से टकराना क्या होता है?
कि मोहब्बत का ठुकराना क्या होता है?

हमसे पूछो कि
यार का मुस्कुराना क्या होता है?
कि प्यार का नजराना क्या होता है?

हमसे पूछो कि
इश्क का मिल जाना क्या होता है?
कि दिल का टूट जाना क्या होता है?

हमसे पूछो कि
 अपनों का रूठ जाना क्या होता है?
कि रिश्तों का टूट जाना क्या होता है?

हमसे पूछो कि
आंसुओं में भीग जाना है क्या होता है?
कि आँखों से अश्कों का सुख जाना क्या होता है

हमसे पूछो कि
कलियों का खिल जाना क्या होता है?
कि फूलों का मुरझाना क्या होता है?

हमसे पूछो कि
उपवन का उजड़ जाना क्या होता है?
कि फूलों का खुशबू से बिछड़ जाना क्या होता है?

हमसे पूछो की
जीवन का संवर जाना क्या होता है?
कि मौत का मिल जाना क्या होता है?

किरदार-ए-इश्क़

दिल तो अब टूटा है,
पहले तो हम भी इश्क के किरदार थे।
हमें बेदखल तो अब किया गया है,
नहीं पहले तो हम भी उसके इश्क़ हकदार थे।

उसने हमको कातिल तो बोल दिया यारों,
लेकिन ये नहीं बताया कि किस कत्ल के गुन्हेगार थे?
वो लम्हें शायद कहीं सिमट से गए हैं अब,
जो लम्हें हमेशा मेरे दिल के करीब
और यादगार थे।

शायद कहीं इसलिए तो नहीं छोड़ दिया था
उसने हमें
क्योंकि उस वक्त हम बिल्कुल शुद्ध बेरोजगार थे।
मेरा महबूब मुझे छोड़ता नहीं तो क्या करता?
क्योंकि दिखावे की दुनिया में सिर्फ सिक्के ही असरदार
थे।

यारों हमने भी हमेशा के लिए
कर दिया उसे आजाद,
क्योंकि चाहे जो भी हो शख़्स हम भी
बड़े समझदार थे।

जाम-ए-दोस्ती

ये दोस्ती क्या है, यारों? ये पैगाम
हर किसी के दिल तक पहुंच जाए,
जो हमारी इतनी प्यारी दोस्ती है,
उस दोस्ती के नाम आज शाम
महफ़िल मैं इक जाम हो जाए

जब कोई बात हो तो दोस्त को
कुछ कहने कि जरूरत ही ना पड़े,
बस दिल से दिल कि बात हो जाए
और आपस मैं कुछ कहना
और सुनना ही ना पड़े
बस इशारों-इशारों मैं ही
सारे काम हो जाए

मुझे चाह नही बिन दोस्त के
इस जिंदगी कि ऐ मेरे मौला !
अगर मेरे दोस्त को जरूरत पड़े
तो मेरी जिंदगी भी मेरे हसींन
और प्यारे दोस्त के नाम हो जाए

अदालत

ये जो तेरे दिल की अदालत है,
उसमें क्यों चल रही एक सियासत है?
क्या ताकत के दम पर जीते जा सके
तेरा दिल ऐसी कोई रियासत है?

जो मेरे दिल की ये हालत है,
उसका कारण तेरे दिल की ये अदालत है,
जहां मिलती है सिर्फ तारीख पर तारीख,
ना समझता मेरी रूह की कोई नजाकत है।
कैसे करूं साबित?
जो मेरे अंदर मौजूद एक सदाकत है।

जो दी तूने मुझे मोहलत है,
यह वक्त मेरे लिए अनमोल दौलत है
चाहे जीतो तुम चाहे हारूं मैं,
मेरी इस हार में भी
छुपी मेरे अल्फाजों में तेरी शोहरत है।

नकाब

जो ये नकाब के पीछे एक नकाब है,
इसको देखने के लिए
मेरा ये दिल ना जाने कब से बेताब है।

जिंदगी कर्मों से लिखी
एक खूबसूरत किताब है,
जिसमें क्या खोया क्या पाया
उसका रखती सारा हिसाब है।

ज़रा घूंघट को हटा, पलकों को उठा
मैं भी तो देखूं जो इस नक़ाब के पीछे नकाब है,
जब चल ही दिए हैं तुझको पाने के सफर पर
तो इस सफर में क्या पुण्य है क्या पाप है।

वैसे भी तेरे ना होने से
मेरी जिंदगी बन गई एक अभिशाप है,
तुझे पाने का कैसा ये संताप है
दिल में लगी कोई आग है,
तेरे ना होने से मेरा जीवन हुआ बैराग है
तू मेरे दिल के अँधेरे गलियारों में
जलता हुआ एक चिराग है।

ख़वाब

जैसे रात ख़्वाब बुनती है
जुगनू रोशनी चुनता है
मेरा ना होके भी,
मेरे दिल के अंदर रहता है कोई
जो मेरी नींदों में सपने बुनता है।

खुद का होकर भी,
क्यों नहीं तू खुद की सुनता है?
अगर पानी है मंजिल अपनी,
तो क्यों तू बीच सफर में रुकता है?

हां मानता हूं मैं भी,
जीतने को जंग अपने इश्क की
एक आशिक कई बार झुकता है,
और लगाकर खुद से खुद को गले
वह कहीं बार सिसकता है।

फिर भी क्यों नहीं तेरी रूह पिघलती है,
तेरी आंखों से अश्कों की धार निकलती है?
अगर नहीं रहती हो तुम मेरे दिल के अंदर,
तो क्यों रह-रह के तुझे पाने को
मेरी रूह मचलती है?

हां माना मैंने कुछ मेरी-कुछ तेरी गलती है,
लेकिन ऐसे थोड़ी ना इश्क की चिता सुलगती है।

दिल को ऐसे ना मरने दे संगम 'प्यारे'
ये दुनिया ऐसे ही चलती है
कि ये दुनिया ऐसे ही चलती है।

कभी इक रात में

कभी इक रात में,
सिर्फ मैं और तुम होंगे साथ में

किसी नदी के किनारे
सारी चिंताओं से मुक्त
बादलों में उड़ते हुए
परिंदों की तरह उन्मुक्त
और पीयेंगे जाम
एक-दूजे के अधरों का
साथ ही करेंगे दीदार
एक-दूजे की नजरों का

और समा जाएंगे एक-दूजे में कुछ इस तरह
जैसे खुशबू समा जाती है हवाओं में
और बिखर जाती है दसों दिशाओं में,
कुछ इस तरह छुपा लेना
तुम मुझको अपनी जुल्फों की फिजाओं में।

उस इक रात में,
जब मैं और तुम होंगे साथ में,
किसी नदी के किनारे
हमें देख कर शर्मा जाएंगे खुद चांद-सितारे।

भोर

वो भोर
जब तुम मुझे
दिखी थी
सूरज की पहली
किरण की तरह
पक्षी गा रहे थे
प्रेमगीत
जैसे मिल गई हो
मनमीत

अब भी दिल की
धड़कनों में बसता है
वो संगीत
जिसने कर दी थी
मेरी रातें हसीन
मेरी बातें नमकीन
लेकिन क्यों कर गई
मुझे वो गमगीन?

फिर से आ जाओ
कर जाओ
मेरे ख्वाबों को
रंगीन
मेरी यादों को
नमकीन

वो भोर
जब तुम मुझे
दिखी थी
किसी सफर में
मंजिल की तरह

जैसे मीन को
दिखती है
पानी की बूंदें
अपने
जीवन कि तरह

तुम भी मुझको
ऐसे ही दिखी थी
उस भोर में
उम्मीद की
किरणों की तरह
मुझको
मेरी
ज़िंदगी की तरह

जीवन-रेखा

ये नदियां-ये सागर,
ये चांद-ये सूरज
जैसे धरती की जीवन रेखा है।

ठीक वैसे ही,
मैंने तुमको मेरी और खुद को तेरी
तकदीर में एक दूजे का होते हुए देखा है
फिर भी ना जाने क्यूँ
तू मुझको करती अनदेखा है।

जो दिया था मैंने दिल तुम्हें,
संभाल के रखने को,
बता अब उसका हाल कैसा है?
बता अब उसका हाल कैसा है?

कहीं ऐसा तो नहीं, कि दिल बनाकर
उसको तोड़ देना तेरा पेशा है,
उसको तोड़ देना तेरा पेशा है।

जो तुम कहती हो कि तू ऐसा है तू वैसा है,
पहले ये बता 'रकीब' के साथ
तेरा हाल कैसा है?

एक सपना

एक सपना मेरी इन आंखों में भी है,
तुम्हें पाने का अपना बनाने का
और अपना बनाकर हाल-ए-दिल सुनाने का।
कि एक सपना मेरी इन आंखों में भी है,
खुद को भूल कर तेरे इश्क में डूब जाने का
तुम रूठ जाओ तो तुम्हें मनाने का।

एक सपना मेरी इन आंखों में भी है,
कि कभी पीऊं जाम तेरी आंखों के मयख़ाने का
सारा जहां छोड़ कर तेरे इश्क में डूब जाने का।
कि एक सपना मेरी इन आंखों में भी है,
तुम्हारे दिल की धड़कन और सांसे बन जाने का
जो तुमसे हो वादे हर एक वादे को निभाने का।

एक सपना मेरी इन आंखों में भी है,
आवाज देकर तुम्हें पास बुलाने का
हर गम में साथ निभाने का
और हर मुसीबत में तुम्हें गले लगाने का।
कि एक सपना मेरी इन आंखों में भी है,
तुम्हारे साथ जीने-मरने और जिंदगी बिताने का।

कि एक सपना मेरी इन आंखों में भी है...!

रश्म-ए-जुदाई

जब उसको अंगूठी पहनाई जा रही थी
कहीं किसी के अरमानों को
फांसी लगाई जा रही थी।

जब उसके हाथों में मेहंदी लगाई जा रही थी
तो किसी के अरमानों की अर्थी उठाई जा रही थी।

जब उसकी डोली सज रही थी
तो किसी के अरमानों के होली जल रही थी।
जब उसकी डोली उठ रही थी
तो किसी से तन्हाई लिपट रही थी।

उसकी यादें मानो किसी कोने में सिमट रही थी
और दिल ही दिल में
उसकी ख्वाहिशें में सिसक रही थी।

क्योंकि उसे उसकी जिंदगी
हमेशा के लिए बिछड़ रही थी।

यादें

वो लड़की थोड़ा हकलाती थी
लेकिन बातें सच बतलाती थी

उसकी यादें बहुत रुलाती थी
वो अपने पास बुलाती थी
फिर अपने गले लगाती थी
खाना मुझे खिलाती थी

कहीं बार खताएं की मैंने
फिर भी वो मुझको अपनाती थी
अब रखना हर कदम संभलकर
ऐसा वो सिखलाती थी

हूं कायनात मैं उसकी
ऐसा सबको बतलाती थी
वो लड़की भोली-भाली थी
लेकिन अजब निराली थी

बस थोड़ा सा हकलाती थी
लेकिन बातें सच बतलाती थी

तुम्हें पाने की जिद में

कुछ तो छूट रहा है
तुमको पाने की जिद में,
कोई तो है मेरे अंदर जो टूट रहा है
तुमको पाने की जिद में।

लगता है पानी का कोई बांध है मेरे अंदर,
जो मेरे नैनों से फूट रहा है
तुमको पाने की जिद में।
कोई तो रहता है मेरे दिल के अंदर,
जो अश्कों के मोती लूट रहा है
तुमको पाने की जिद में।

ये मत सोचो कि बेघर हो तुम
देवी की तरह रहती हो तुम
मेरे मन के मंदिर में।

सवाल ये नहीं कि
क्या खोया? क्या पाया? मैंने
तुमको पाने की जिद में।

गर नहीं हो तुम खुदा मेरे,
तो क्यों रहती हो
मेरे मन की मस्जिद में।

चाहो तो अपनाओ तुम
चाहो तो ठुकराओ तुम
लेकिन इक दिन,
ये दुनिया भी छोड़ जाऊंगा
मैं तुमको पाने की ज़िद में।

दास्तां-ए-इश्क

इश्क में तबाह हुए लोगों के
मैंने मंजर बहुत देखे हैं
और इश्क की नाकामी से
बहुत दिल बंजर हुए देखे हैं

अरे! जिंदगी ठुकराए तो यारों कोई गम नहीं
लेकिन इश्क में चोट खाने के बाद
मैंने बहुत बवंडर हुए देखे हैं
इतिहास पलट के देखो मेरे यारों
इश्क की लड़ाई में
मैंने बहुत महल खंडर हुए देखे हैं

ढाई आखरों में,
क्यों सारी जिंदगी समेट दी तूने, ऐ मेरे मौला!
इश्क में पड़कर
मैंने बहुत इंसान सरेंडर हुए देखे हैं

कि इश्क में तबाह हुए लोगों के
मैंने मंजर बहुत देखे हैं
और इश्क कि नाकामी से
बहुत दिल बंजर हुए देखे हैं

दास्तां-ए-अश्क

अश्क अपने आप में एक कहानी होते हैं
हमसफर भी होते हैं और हमराज भी है
ये तुम्हारी जिंदगी की हकीकत होते हैं
और तुम्हारी जिंदगी के राज भी

गर हो जाए किसी से इश्क
तो ये होते हैं तुम्हारी जिंदगी के सरताज भी
और जो शाहजहां ने
ना बनाई होती संगमरमर की मूरत
तो इस जहां में गुमनाम होती आज मुमताज़ भी
जो हम यूं ना जलते
तुम्हारे इश्क की आग में
तो मेरी ये कलम खामोश होती आज भी

काश! ऐ मेरी जिंदगी,
गर तूने हां कर दी होती
तो इश्क की मूरत होती मेरे पास भी
और इश्क का फरिश्ता होता तेरे साथ भी

कि अश्क अपने आप में इक कहानी भी होते हैं
हम सफर भी होते हैं और हमराज़ भी
ये तुम्हारी जिंदगी की हकीकत होते हैं
और तुम्हारी जिंदगी के राज भी

हाल-ए-दिल

ये पेड़, ये हवाएं
ये आसमां, ये दिशाएं
ये पानी, ये सागर
ये धरती, ये गागर
ये पक्षी, ये इंसां
ये दुनिया, ये जहां
ये रात, ये दिन
सब सूने-सूने लगते है
तेरे बिन

ये बादल, ये बारिश
मेरी हर इबादत
हर गुजारिश
वो इरादे, वो वादे
वो बातें, ये यादें
ये पर्वत, ये बस्ती
ये दरिया, ये कस्ती
ये चाँद, ये तारे
फीके-फीके लगते है तेरे बिन
सारे ये नज़ारे
फीके-फीके लगते है तेरे बिन
सारे ये नज़ारे

हाल-ए-ज़िंदगी

जो इतनी बातें बता रहा हूं मैं
मेरी जिंदगी का जो हाल है वो सुना रहा हूं मैं
जो इतना मुस्कुरा रहा हूं मैं
कोई गम है जो छुपा रहा हूं मैं

जो इतना खुश दिख रहा हूं मैं
लेकिन अंदर ही अंदर बहुत घुट रहा हूं मैं
क्या करूं यारों कोई मेरा गम सुनता ही नहीं
इसलिए हर गम को यूं ही लिख रहा हूं मैं

जो उस पर इतने इल्जाम लगा रहा हूं मैं
शायद कुछ मेरी कमजोरियां है जो छुपा रहा हूं मैं

जो ये महफ़िलें सजाकर
लोगों को खुश करने की कोशिशें कर रहा हूं मैं
लेकिन उसे क्या पता कि
उससे बिछड़ कर हर पल तिल-तिल मर रहा हूं मैं

लोगों को लगता है कि
हर गम से यूं ही निपट रहा हूं मैं
लेकिन उन्हें क्या पता कि
अंदर ही अंदर मिट रहा हूं मैं

उन्हें लगता है कि
बिना थके यूं ही चल रहा हूं मैं
लेकिन उन्हें क्या पता कि
उसके प्यार की आग में आज भी जल रहा हूं मैं

ये दुनिया सोचती है यारों,
कि कुछ चंद मुंह से निकले अल्फाज ही तो है
जो कह रहा हूँ मैं,
लेकिन कोई यह नहीं जानता कि
इन अल्फ़ाज़ों को कहने के पीछे कितना दर्द है
जो सह रहा हूं मैं

बदलाव

तुम भी वहीं हो और मैं भी वहीं हूं
लेकिन अपने रास्ते कितने बदल गए हैं

तुम कहती हो कि मैं नहीं बदला
मैं कहता हूं कि तुम नहीं बदली
लेकिन फिर भी देखो ना,
हम कितने बदल गए हैं

बस नहीं बदला तो
सिर्फ मेरा तेरे लिए वो प्यार
मेरी चाहत के किस्से
जीवन के हर मोड़ पर
अक्सर याद आ ही जाते हैं

क्योंकि तुम्हें पाने की
अपना बनाने की चाह
आज मेरे दिल में
चिंगारी बनकर सुलग रही है

लेकिन,
मेरा तुमसे इक वादा है
कि इस आग में जलकर
मैं खुद को राख नहीं होने दूंगा

इक बात

इक बात बताता हूं मैं दिल से
मिलन की आस लगी है तुमसे

तू रूठ गया है जब से
सब-कुछ छूट गया है मुझसे

तुमको मैं मनाऊं कैसे?
इस दिल को समझाऊं कैसे?

पास तुम्हारे आऊं कैसे?
दिल की बात बताऊं कैसे?

खुद को खास बनाऊं कैसे?
तुमको पास बुलाऊं कैसे?

मिलन की आस लगी है तुमसे
मुझको इश्क हुआ है तब से

कुछ तो प्यास जगी है दिल में
मुझसे कब आओगी मिलने?

तेरा नाम

चांद भी जब सागर में झांका होगा
उसने भी खुद को कम आंका होगा

सूरज भी जब पूरब से निकला होगा
वो भी तेरी सूरत से पिघला होगा

सागर ने भी जब तेरी आंखों में देखा होगा
गहराई को तेरी आंखों से उसने मांगा होगा

खुदा ने भी जब तेरी शख्सियत को देखा होगा
वो भी अपनी हैसियत भूल गया होगा

जो हवाएं तेरे तन को छूकर गुजरी होंगी
तेरे जिस्म की खुशबू से महक गई होंगी

जो बादल तेरी छत पर बरसे होंगे
तेरी एक झलक पाने को तरसे होंगे

ये 'संगम' तेरे होठों का जाम पिएगा
फिर लेकर बस तेरा नाम जिएगा

मेरी आंखों में

एक ख्वाब मेरी आंखों में अब भी बाकी है
तेरी महक मेरी सांसो में अब भी बाकी है

देखता हूं तस्वीर तो नम हो जाती है आंखें
तेरी कुछ यादें मेरे जहन में अब भी बाकी है

जरा संभल कर गुजरना मेरे शहर की गलियों से
एक खिड़की मेरे कमरे में अब भी बाकी है

यूं नाराज ना हो खुदा से ऐ 'संगम'
मोहब्बत इस दुनिया में अब भी बाकी है

मसला

मसला ये है कि कोई मसला ही नहीं
बिन यार के ये दिल लगता ही नहीं

इतने हिस्सों में कैसे बंट जाते हैं लोग
मेरा दिल तेरे सिवा कहीं लगता ही नहीं

कैसे नजर आओगी मेरी आंखों में तुम
तू मेरी नींदों में कोई ख्वाब गढ़ता ही नहीं

इस तरह कत्ल हुआ है मेरे ख्वाबों का यारों
कि अब कोई ख्वाब मेरी आंखों में पलता ही नहीं

तमन्ना थी तेरे साथ जिंदगी बिताने की
तू है कि दो कदम भी साथ चलता नहीं

रात हो तो चांद को निहारु में
मगर ये सूरज है कि ढलता ही नहीं

तेरे जाने से इतना पत्थर हो गया हूं मैं
कि अब मेरा शव जलता ही नहीं

तेरी आंखों का काजल

तेरी आंखों का काजल माथे की बिंदिया
चुरा के ले गई मेरी आंखों की निंदिया

तेरे हाथों की चूड़ी पैरों की पायल
कर गई मेरे इस दिल को घायल

तेरी कमर के ठुमके कानों के झुमके
मारे गए हम तेरी बातों को सुनके

तेरी काली-काली जुल्फें काली चुनरिया
लग ना जाए इनको हमरी नजरिया

तेरे ऊंचे-ऊंचे बूट तेरा काला काला सूट
सब मिलकर ले गए मेरे दिल को लूट

मुझसे इश्क करोगी क्या

तुम मुझसे इश्क करोगी क्या?
खोने से मुझे डरोगी क्या?

गर नजर ना आया मैं तुमको तो
मुझे ढूंढती फिरोगी क्या?

तुम मुझसे इश्क करोगी क्या?
खोने से मुझे डरोगी क्या?

मेरी धूप की छांव बनोगी क्या?
मेरी रातों का चांद बनोगी क्या?

कदम से कदम मिलाकर मुझसे
मेरे साथ चलोगी क्या?

गर चला गया कहीं मैं दूर तो
मुझको याद करोगी क्या?

नजरों से नजर मिला कर तुम
मुझसे बात करोगी क्या?

तुम मुझसे इश्क करोगी क्या?
खोने से मुझे डरोगी क्या?

अपने हाथों की मेहंदी में तुम
मेरा नाम लिखोगी क्या?

सिंदूर लगाकर मेरे नाम का
मेरी दुल्हन बनोगी क्या?

तुम मुझसे इश्क करोगी क्या?
खोने से मुझे डरोगी क्या?

एक तरफ

उसके नैनो का बहना एक तरफ है
झरनों का बहना एक तरफ।

उसकी आंखों का बरसना एक तरफ है
सावन का बरसना एक तरफ।

उसका गुस्सा एक तरफ है
बिजली का गरजना एक तरफ।

उसका संवरना एक तरफ है
दुनिया का संभलना एक तरफ।
उसका हंसना एक तरफ है
कलियों का खिलना एक तरफ।

उसका होना एक तरफ है
दुनिया का होना एक तरफ।

उसके माथे की बिंदिया एक तरफ है
चांद का होना एक तरफ।

उसकी आंखों का काजल एक तरफ है
रातों का होना एक तरफ।

दुनियां का सारा सुकून एक तरफ है
उसकी बाहों में सोना एक तरफ।

भ्रम

मैंने इन आंखों में कई समंदर पाल रखे हैं
उनमें यादों के कई खंडहर संभाल रखे हैं

मैंने देखा है जबसे इक नजर तुमको
इस दिल ने सारे हथियार डाल रखे हैं

मेरे हिस्से ना आया इश्क का एक कतरा भी
मैंने सबके दिल कई बार खंगाल रखे हैं

सब कुछ खो दिया दिल के बहकावे में आकर यारों
मैंने अब मन के सारे भ्रम निकाल रखे हैं!!

एक अरसे से

एक अरसे से डूबा हुआ हूं तुम्हारी यादों में
कभी तो मुझसे मिलने आओ मेरे ख्वाबों में

तन्हाई में ये बारिशें चुभती है मुझे
मुलाकात हो तो साथ भीगे इन बरसातों में

पहले सुकून की नींद आया करती थी मुझे
अब तो सिर्फ बेचैनी बची है इन रातों में

और जब से देखा है इक नजर तुमको हमने
सिर्फ तुम ही नजर आती हो मेरी इन आंखों में

ये सफर-ए-जिंदगी आसान हो जाए
अगर तुम्हारे हाथ हों मेरे इन हाथों में

इक तरफा इश्क

इक तरफा इश्क में एक मोड़ आएगा
चुराने तेरे दिल को कोई और आएगा

तुम ख्याल रखना अपने दिल का और अपना भी
अपना साथ चलना रह ना जाए केवल सपना ही

जब भी ढूंढोगी खुद को मेरे दिल में पाओगी
कितना इश्क मुझे है जब तुम ये जान जाओगी

फिर तेरे-मेरे इश्क में एक दौर आएगा
फिर तेरे-मेरे बीच ना कोई और आएगा

अगर तुम लौट आते

अगर तुम लौट आते
तो हम विरह गीत नहीं प्रेम गीत गाते
तुम्हारी खातिर कुछ भी कर जाते
फिर यूँ ना हमें ये तन्हा लम्हे सताते

कितनी है तुमसे हमें मोहब्बत बताते
फिर हम भी तुम्हारे होने का जश्न मनाते
और हमारी किस्मत पर इतराते
हर मुसीबत में तुम्हें गले लगाते
हर वक्त तुम मुझे अपने साथ पाते

फिर इस कहानी में इक मोड़ लाते
शादी हम रचाते सबको नचाते
शादी का पूरा लुत्फ उठाते
सात जन्मों के रिश्ते में बंध जाते

फिर अपने बच्चों पर इठलाते
रोज़ उन्हें नए खिलौने लाते
उन्हें अपने इश्क़ के किस्से सुनाते
फिर वो चैन की नींद सो जाते
कुछ इस तरह हम भी,
प्यार की मिसाल बन जाते

तुम

मेरे दिल में भी तुम हो मेरी चाहत भी तुम हो
जिसके बारे में सोचने से मुझे सुकून मिले
मेरी वो राहत भी तुम हो
मेरी जिंदगी का सुकून भी तुम हो
मेरा जुनून भी तुम हो

मेरा प्यार भी तुम हो मेरा इंतजार भी तुम हो
मेरी खुशी भी तुम हो मेरा गम भी तुम हो
मेरा रस्ता भी तुम हो मेरी मंजिल भी तुम हो

मेरे लिए इजाजत भी तुम हो
जिसे हर पल मांगूं दुआओं में
ऐसी मेरी इबादत भी तुम हो

मेरे लिए नशा भी तुम हो मेरी दिशा भी तुम हो
मेरे लिए चाँद भी तुम हो मेरे लिए सूरज भी तुम हो
मेरे लिए सागर भी तुम हो मेरे लिए साहिल भी तुम हो
मेरे लिए धरा भी तुम हो मेरे लिए आसमां भी तुम हो
मेरे लिए बादल भी तुम हो मेरे लिए बारिश भी तुम हो
मेरे लिए हवा भी तुम हो मेरे हर गम की दवा भी तुम हो

मेरी उलझन भी तुम हो मेरी सुलझन भी तुम हो
मेरे दिल की धड़कन भी तुम हो मेरी साँसें भी तुम हो
मेरी यादें भी तुम हो मेरी बातें भी तुम हो
लेकिन पता नहीं तुम किस मदहोशी में गुम हो

मेरा इश्क भी तुम हो मेरा अश्क भी तुम हो
मैं शायद तुम्हारे लिए कुछ भी नहीं
लेकिन मेरे लिए सब कुछ तुम हो

मेरे होठों की हंसी भी तुम हो मेरी ख़ुशी भी तुम हो
जब नम होती है मेरी आंखें
तो इन आखों की नमी भी तुम हो

मेरी ज़िंदगी में कमी नहीं किसी बात की
गर कमी है तो मेरी जिंदगी की वो कमी भी तुम हो,
बस जरूरत है मुझे तेरे साथ की

तारों की नगरी

तारों की चमकती नगरी में इक चांद सा रोशन चेहरा है
मेरे दिल की सुर्ख दीवारों पर बस तेरा ही तो पहरा है
इन पलकों को उठा लो जरा,
मैं भी तो पढ़ूं तेरी आंखों में ये राज जो इतना गहरा है
कैसे भूलूं तेरी यादों को मेरे दिल पर तेरा बसेरा है

तेरे बिना मेरी जिंदगी में चारों तरफ अंधेरा है
जो रात कटे तेरी बाहों में तो खुशनुमा वो मेरा सवेरा है
दिल चुरा लिया तेरी नजरों ने तो कसूर क्या इसमें मेरा है
मेरे दिल की धड़कन ये तो बता क्या नेक इरादा तेरा है

तारों की चमक की नगरी में तेरा चांद सा रोशन चेहरा है
मेरे दिल की सुर्ख दीवारों पर बस तेरा ही तो पहरा है

तेरे इश्क की खातिर

तेरे इश्क की खातिर मैंने
खुद को बहुत संवारा है
इस बेगानी दुनिया में बस
अब तू ही एक सहारा है

तुम बिन ओ दिलबर जानी
मैंने हर पल तन्हा गुजारा है
जब तुम होती हो साथ मेरे
तब खुशनुमा बहुत नजारा है

तेरी जुल्फों का साया मुझको
भूमंडल से भी प्यारा है
मेरी घनघोर अंधेरी रातों का
तू एक चमकता तारा है
तुम बिन अब दिल कीधड़कन
जीना नहीं गवारा है
कि तेरे इश्क की खातिर मैंने
खुद को बहुत संवारा है

अलविदा

अलविदा तुम्हें, तेरे इश्क को भी
कि अलविदा तेरी रूह को, तेरे जिस्म को भी

अलविदा तेरी धड़कनों, तेरी सांसो को भी
कि अलविदा मेरी बाहों में गुजरी तेरी रातों को भी

अलविदा तेरी बातों को, तेरी यादों को भी
कि अलविदा तुम्हें, तेरे वादों को भी

अलविदा तेरे होठों को, तेरी आंखों को भी
कि अलविदा तेरे सपनों को, तेरे ख्वाबों को भी

अलविदा तेरी अदाओं को, तेरी वफाओं को भी
अलविदा तेरी जुल्फों में बिखरी फ़िज़ाओं को भी

अलविदा तेरी खैरियत को, तेरी खैफियत को भी
अलविदा तेरी शख्सियत, तेरी अहमियत को भी

अलविदा तेरी जुनूनियत, तेरी रंगीनियत को भी
अलविदा तेरे इश्क को, तेरी मासूमियत को भी

अलविदा तेरे नाम को, तेरी पहचान को भी
अलविदा तेरी उड़ान को, तेरे हर मुकाम को भी

अलविदा तेरी मंजिल को, तेरी राहों को भी
कि अलविदा तेरी नजरों को, तेरी निगाहों को भी

अलविदा तेरे शहर को, तेरे गांव को भी
कि अलविदा तेरी जुल्फों की छाँव को भी

अलविदा तुझको, तेरे राज़ को भी
कि अलविदा तेरे कल को, तेरे आज को भी

अलविदा तेरे गुरूर को, तेरे फितूर को भी
कि अलविदा तेरे चेहरे को, तेरे नूर को भी

अलविदा तेरी हर गलती और भूल को भी
कि अलविदा तेरे दिए हुए हर एक फूल को भी

अलविदा तेरी तस्वीर को, तेरी तकदीर को भी
कि अलविदा तेरे जख्मों को, तेरी पीर को भी

अलविदा तुम्हें और तेरे दौर को भी
कि अलविदा
तुझे खोने के डर को और खौफ को भी

कि आखरी अलविदा जिंदगी और मौत को भी
कि आखरी अलविदा जिंदगी और मौत को भी